A PRÁTICA ESPIRITUAL DAS PESSOAS LIVRES

Editora Appris Ltda.
1.ª Edição - Copyright© 2024 do autor
Direitos de Edição Reservados à Editora Appris Ltda.

Nenhuma parte desta obra poderá ser utilizada indevidamente, sem estar de acordo com a Lei n° 9.610/98. Se incorreções forem encontradas, serão de exclusiva responsabilidade de seus organizadores. Foi realizado o Depósito Legal na Fundação Biblioteca Nacional, de acordo com as Leis n°s 10.994, de 14/12/2004, e 12.192, de 14/01/2010.

Catalogação na Fonte
Elaborado por: Dayanne Leal Souza
Bibliotecária CRB 9/2162

L193p 2024	Lalado A prática espiritual das pessoas livres / Lalado. – 1. ed. – Curitiba: Appris, 2024. 53 p.; 21 cm.
	Nome do autor: Luiz Eladio Lima Humbert. ISBN 978-65-250-6925-8
	1. Prática espiritual. 2. Vida espiritual. 3. Buda. 4. Dogmas. I. Lalado. II. Título.
	CDD – 235

Editora e Livraria Appris Ltda.
Av. Manoel Ribas, 2265 – Mercês
Curitiba/PR – CEP: 80810-002
Tel. (41) 3156 - 4731
www.editoraappris.com.br

Printed in Brazil
Impresso no Brasil

Lalado

A PRÁTICA ESPIRITUAL DAS PESSOAS LIVRES

Curitiba, PR
2024

FICHA TÉCNICA

EDITORIAL Augusto V. de A. Coelho
Sara C. de Andrade Coelho
COMITÊ EDITORIAL Marli Caetano
Andréa Barbosa Gouveia (UFPR)
Edmeire C. Pereira (UFPR)
Iraneide da Silva (UFC)
Jacques de Lima Ferreira (UP)
SUPERVISORA EDITORIAL Renata C. Lopes
PRODUÇÃO EDITORIAL Bruna Holmen
REVISÃO Marcela Vidal Machado
DIAGRAMAÇÃO Amélia Lopes
CAPA Daniela Baumguertner
REVISÃO DE PROVA Bianca Pechiski

AGRADECIMENTOS

Julia Ferraz Humbert, Valéria Peruna e Zayit Lage, pessoas firmes, sou grato à dedicação de vocês por lerem o rascunho do livro e darem clareza ao emaranhado que escrevi por impulso.

Às pessoas firmemente dedicadas, que transformaram este texto num livro.

Para os netos, **Negão, Majuzinha, Patricia e Luiz.**

APRESENTAÇÃO

Negão, Majuzinha, Patricia e Luiz, nós não somos apenas esses seres temporários, submissos ao tempo; não somos apenas o corpo perecível e a mente perecível que vestimos na nossa jornada pelo universo material, jornada maravilhosa de alegria, felicidade e sem sofrimento.

Nós somos imortais. Nós somos energia! Energia dissociada da matéria.

Somos pura energia imaterial onipotente, sem começo e sem fim, sem passado e sem futuro.

Somos energia pura, silenciosa, vazia (sem nome, sem conteúdo, sem massa e sem forma), somos energia onipotente.

Na nossa essência imortal, somos pura energia imaterial onipotente, de onde vem o universo material, onde repousa o universo material e onde permanece a pura energia imaterial onipotente, que vibrava, pulsava e se irradiava dos corpos extintos no universo.

A expressão no universo material da nossa essência imortal é um sentimento vindo da nossa essência imortal, o *amor*, sentimento com a pureza, o silêncio, o vazio e a onipotência de nossa essência imortal.

Portanto, somos a pura energia imaterial onipotente da união, da aliança, da unidade, da unidade da vida e somos, desde sempre, a pura energia imaterial onipotente da criação do universo, da construção do universo e da expansão dele, energia atemporal sem começo e sem fim, sem passado e sem futuro.

Sempre que nós, simples mortais, estivermos com a nossa mente perecível compensada com a nossa essência imortal; sempre que a nossa mente e o nosso corpo perecíveis estiverem em harmonia com a pura energia imaterial onipotente, que somos na nossa essência imortal, nós, nossa pessoa perecível, somos *amor*, somos *compreensão*, somos *serenidade*, somos *tranquilidade*, somos *harmonia*, somos *equilíbrio*, somos *quietude*; somos *paz*, somos *saúde*, somos *alegria*, somos *felicidade*; somos *compaixão, somos perdão*, somos *gratidão*; somos *solidariedade*, somos *fraternidade,* somos *amizade*; somos *unidade*, somos *união*, somos *força*, somos energia; somos *luz*, somos *brilho*, somos *calor*; somos *alegria* e somos *felicidade*; somos alegria e somos felicidade *plenas*, alegria e felicidade *permanentes*, alegria e felicidade *crescentes*, alegria e felicidade *inabaláveis,* alegria e felicidade que nos conduzem e nos acompanham na nossa jornada pelo universo material, jornada maravilhosa de alegria, felicidade e sem sofrimento, no *óctuplo caminho livre*, o nosso caminho livre do sofrimento e livre do mal.

Caminho livre do *sofrimento* é o caminho livre da ignorância de não compreender o *bem*, livre da ignorância de não compreender o *mal*, livre da ignorância de não compreender a *matéria*, livre do *desejo* e livre do apego; esse mesmo caminho que é livre da ignorância de não compreender que a raiz do mal é a *raiva*, é o *ódio*, é a inveja e é a *mentira,* livre da ignorância de não compreender que a raiz do bem é ser *livre da raiva*; é ser *livre do ódio*; é ser *livre da inveja*, ser *livre da mentira* e livre da ignorância de não compreender a matéria, não compreender que tudo que tem nome, conteúdo, massa, forma, preço e valor, não compreender que tudo que é material é *impermanente*, é *impessoal* e é *insatisfatório*.

O óctuplo caminho livre é o caminho da <u>introspecção e da sabedoria</u>, da <u>conduta ética e da moralidade</u> e da <u>meditação</u>.

<u>Introspecção e sabedoria:</u> **pensamento** e **compreensão.**

Conduta ética e moralidade: **palavra, ação e meio de vida.**
Meditação: **esforço, atenção e concentração.**

Introspecção: é nosso *pensamento* livre, nosso *pensamento* firme, nosso *pensamento* verdade, nosso *pensamento* amor. *Sabedoria* é nossa *compreensão* livre, nossa *compreensão* firme, nossa *compreensão* verdade, nossa *compreensão* amor.

Conduta ética e moralidade: *palavra, ação e meio de vida.* Palavra é nossa *palavra* livre, nossa *palavra* firme, *nossa palavra* verdade, nossa *palavra* amor, *é falar unicamente a verdade, ou ficar em silêncio.* Ação é nossa *ação* livre, nossa *ação* firme, nossa *ação* verdade, nossa *ação* amor. Meio de vida é o nosso *meio de vida* livre, nosso *meio de vida* firme, nosso *meio de vida* verdade, nosso *meio de vida* amor. É nosso *meio de vida* e não *meio de morte*. Meio de morte é o *comércio de animais*, o *comércio de carnes*, o *comércio de armas*, o *comércio de drogas e de bebidas embriagadoras* e o *comércio de venenos*.

Meditação: esforço, atenção e concentração. Esforço é nosso *esforço* mental livre, nosso *esforço* mental firme, nosso *esforço* mental verdade, nosso *esforço* mental amor, o nosso *esforço* de evitar o mal (evitar a raiva, evitar o ódio, evitar a inveja, evitar a mentira), o nosso *esforço* de vencer o mal (vencer a raiva, vencer o ódio, vencer a inveja e vencer a mentira), o nosso *esforço* de desenvolver o bem (desenvolver-se livre da raiva, livre do ódio livre da inveja e livre da mentira) e o nosso *esforço* de manter o bem (manter-se livre da raiva, livre do ódio, livre da inveja e livre da mentira). *Atenção* é nossa *atenção* livre, nossa *atenção* firme, nossa *atenção* verdade, nossa *atenção* amor; nossa atenção no nosso *corpo*, nossa *atenção* na nossa mente, nossa *atenção* nos *fenômenos mentais sensoriais (fenômenos visuais, olfativos, gustativos, auditivos e táteis)* e a nossa atenção nos *fenômenos mentais extrassensoriais*. Concentração é a nossa *concentração* livre, a nossa *concentração* firme, a nossa *concentração* verdade, a nossa *concentração* amor, que é *fechar os olhos, fixar um ponto, viver os quatro grandes esforços* (viver o evitar o mal, vencer o mal, desenvolver o bem e manter o bem) e *praticar os quatro fundamentos da atenção* (nossa *atenção* ao nosso corpo, nossa *atenção* à nossa mente, nossa *atenção* aos fenômenos mentais sensoriais e a nossa atenção aos fenômenos mentais extrassensoriais).

PREFÁCIO

Ler um livro do mestre Lalado é sempre um desafio intelectual. Suas ponderações são um convite à reflexão. Se você optou por "sair da caixinha", da zona de conforto mental, e está disposto a ampliar os seus horizontes cognitivos e espirituais, este livro será um néctar a ser saboreado sem pressa.

Liberdade é o ponto chave deste livro. Ser livre e libertário para ser senhor(a) do próprio destino é um convite que ecoa do princípio ao fim do livro. Somos convidados a sermos livres pensadores, sem as algemas da religião e do sistema religioso opressor. No entanto, para que isso de fato torne-se realidade, faz-se necessário "caminhar com as próprias pernas". Devemos ser mestres dos nossos próprios pés. Todo mestre deve ser um eterno aprendiz e todo aprendiz deve ser mestre dos seus próprios pés.

O livre pensador cria a sua realidade positiva fazendo algo que está em desuso nos dias atuais: pensando! Porque "tudo o que somos é resultado do que pensamos", conforme aprendemos com o mestre Buda.

A prática espiritual das pessoas livres nos traz três reflexões de imediato somente pelo título. A primeira é sobre a prática, que é complementar à teoria. Ou seja, não basta saber, é preciso praticar. A espiritualidade é o esforço que nosso espírito faz para transformar a materialidade. Quando vencemos nossas paixões e nos propomos a trabalhar em prol da humanidade, estamos praticando a nossa espiritualidade. Mas, para tanto, precisamos ser pessoas livres. Livres de que? Dos grilhões da mente. Desta forma, estando em liberdade ou num cárcere, somos livres por sermos livres pensadores. As outras liberdades podem ser tiradas de nós, mas a liberdade da mente nos pertence unicamente.

Praticar a espiritualidade é buscar incessantemente o reino da harmonia, do amor, da verdade e da justiça; é estar consciente de que a Fonte Criadora não condena, não perdoa e nem abandona, pois condenar é injustiça, perdoar é faltar com o cumprimento da Lei de Justiça e abandonar é negar a qualidade de Criador.

Tendo em vista o acima descrito, vou relatar-lhes o fato de maior relevância na minha prática espiritual. Por volta dos anos 2005, 2006 e 2007 frequentei o sítio do Lalado em Barra do Pojuca. Sempre que possível, buscava orientação do mestre Lalado sobre meditação. Lembro-me de uma frase dele: "As pessoas usam drogas para 'viajar', mas eu viajo sem usar nenhuma droga, somente com a meditação". Será que a meditação é tão poderosa assim? O que acontece quando meditamos profundamente? Só tem uma maneira de saber: meditando! Foi isso que fiz nos próximos anos.

No final de dezembro de 2015 tive a maior experiência espiritual de minha vida. Recebi o convite de meu amigo Lalado para passar a última semana do ano com ele e com mais 40 pessoas, aproximadamente, na ilha de Itaparica, participando do projeto Casa da Aranha (ele fala sobre este projeto no livro). Fiz palestras sobre saúde e qualidade de vida, dei aulas de culinária saudável, ensinei sobre o meu método Zayit D.A.S. (desintoxicação, alimentação e suplementação) e, como não poderia deixar de ser, tive práticas de meditação com Lalado.

No terceiro dia, por volta das 6 horas da manhã, levantei e procurei Lalado para meditarmos, mas não o encontrei. Os outros participantes estavam dormindo, tendo em vista que eles ficaram acordados até a madrugada. Somente eu e Lalado tínhamos e temos o hábito de dormir até às 22 horas. Sem muita opção, fui meditar num deck de madeira que ficava de frente para a Bahia de Todos os Santos. Após um determinado tempo (não sei precisar), aconteceu algo extraordinário, fantástico, inesquecível! Experimentei, pela primeira vez na vida, uma autorregressão. Foi uma daquelas "viagens" que Lalado sempre falava. Percorri por algumas vidas passadas, sendo quatro delas com uma definição incrível. Além das vidas no Planeta Terra, descobri o meu planeta de origem na estrela Alfa Centauri B. Muitas coisas começaram a fazer sentido na medida que eu ia recebendo aquela quantidade absurda de informação. Não consigo dizer quanto tempo durou, mas o fato é que depois, quando "retornei" a esta realidade, fui tomado pelo espanto e pela dúvida. Por ser um profissional de saúde há décadas, a primeira coisa que fiz foi me autodiagnosticar. Segundo a minha interpretação, eu tinha sofrido uma crise de esquizofrenia. Tudo aquilo era "loucura" da minha mente. Durante o dia tive vários flashs de informações sobre lugares, pessoas, situações etc.

Conversando com alguns participantes do Projeto Casa da Aranha, me foi informado que eu havia experimentado uma autorregressão. Não ajudou muito, pois eu nunca havia ouvido esta expressão.

Retornando a Salvador, resolvi marcar uma consulta com um grande psiquiatra, o doutor André Brasil. O Diálogo foi bem interessante:

— Bom dia, meu amigo.

— Bom dia, doutor.

— O que lhe traz aqui?

— Eu estou procurando a sua ajuda porque sou esquizofrênico.

— Faz o seguinte: volta pra fora e entre novamente. Vamos tentar mais uma vez... — disse com bom humor.

— Como assim?

— Trato esquizofrênicos há décadas e nunca ninguém chegou dizendo que era um.

Conversamos muito na consulta, ele solicitou diversos exames e, cerca de 2 semanas depois, voltei para a revisão. Segundo o seu diagnóstico, tenho tendências a ansiedade endógena, pensamento acelerado, mas esquizofrenia, não. E mais, ele me aconselhou a trabalhar melhor a minha espiritualidade. Segui o conselho. Li bastante a respeito, conversei com diversos espiritualistas, meditei, pesquisei e entendi o que tinha passado. Desde então venho praticando minha espiritualidade com mais afinco.

Finalmente, vale ressaltar mais alguns pontos da prática da espiritualidade abordados no livro. Um exemplo é a falta de conhecimento acompanhada de sentimentos negativos como raiva, ódio, inveja e mentira impedindo a prática do amor verdadeiro. Outro aspecto importante é a fé cega, irracional e dogmática das religiões que despreza o conhecimento científico. Existe uma dicotomia muito perigosa entre o chamado "espiritual" e o "material". A religião, neste contexto, cria a teologia do medo e, consequentemente, da opressão e da escravidão.

Mas não é somente a religião. Como diz um adágio popular, "está tudo dominado!". O judiciário, a medicina, a indústria farmacêutica, a indústria alimentícia, o sistema educacional, o sistema financeiro etc. estão, todos eles, sob o domínio de treze famílias que controlam o mundo. Um por cento dos humanos controla os outros noventa e nove por cento.

Em suma, leia este livro com calma. Marque palavras e frases chaves. Depois de cada capítulo, dê uma pausa para meditar no assunto abordado. Transforme a teoria da leitura numa prática vivencial. Desta forma, teoria e prática juntas, você terá a práxis da espiritualidade!

Andre Duarte Zayit Von Der Lage

71 9 8682 8416

@zayitspadetox

IMPESSOALIDADE

Tudo o que você tem não é seu.
Tudo o que você guardar não lhe pertence,
nunca lhe pertencerá,
pertence ao tempo,
que tem o poder de tudo transformar.
Só é seu aquilo que você dá.

O beijo que você dá é seu,
é o seu beijo.

O beijo que você não deu
não é nada, não foi nada, nem é seu.

Só é seu aquilo que você dá.

SUMÁRIO

1. INTRODUÇÃO 19

2. QUEM SOMOS NÓS, O QUE SOMOS NÓS? 23

3. O SEGREDO DA FLOR DE OURO 26

4. AS QUATRO VERDADES PRINCIPAIS 32

CAPÍTULO 1
O PRINCÍPIO 41

CAPÍTULO 2
O MEIO 43

CAPÍTULO 3
O FIM 49

CAPÍTULO 4
O FIM DO FIM 52

1.

INTRODUÇÃO

Referindo-se ao dinheiro e à supremacia dos banqueiros sobre os governantes, Napoleão Bonaparte disse uma verdade que tanto vale para a política quanto para a religião monetizada. A monetização da religião reduz Deus a uma máquina de confiscar dinheiro dos crentes para os donos das religiões. A politização das religiões transforma a política num meio divino de transferir dinheiro público e propina privada para o bolso dos políticos profissionais. A pura verdade dita por Napoleão Bonaparte é "A mão que dá está acima da mão que recebe", isto é, a mão que dá tem maior poder do que a mão que recebe. Essa verdade incontestável ressalta o fato social determinante no modelo de exploração humana, existente desde que o primeiro rico começou a explorar o primeiro pobre e que tem o seu apogeu na privatização dos bancos e do sistema financeiro, atividade necessariamente estatal.

Considerando o fato de que o dono da mão que dá tem maior poder sobre o dono da mão que recebe, admite-se que a criatura que dá a esmola à igreja do criador tem maior poder sobre o Deus criador do céu e da terra, porém que suplica a esmola à sua criatura.

Essa contradição é a viga mestra de sustentação e de manutenção das religiões monetizadas, que confiscam o dinheiro de vulneráveis, especialmente o dinheiro escasso dos mais pobres, para enriquecer os donos das igrejas, que exploram os devotos como se exploram concubinas, tidas e mantidas sob a escravidão da fé e a volatilidade do amor divino.

As religiões monetizadas são iguais aos cartéis de drogas, que entregam riqueza, segurança e prosperidade unicamente aos chefes dos cartéis, com o agravante de que as religiões monetizadas não entregam nem os paraísos artificiais de Charles Baudelaire aos seus dependentes. As religiões monetizadas só entregam medo, culpa, castigo, perdão e recompensas abstratas, como a ilusão estéril.

A escravidão do crente à droga alienante da religião e a sua dependência do vício de consumir mitos e mentiras da doutrinação religiosa fazem com que a religião monetizada seja chamada de *o ópio do povo*.

As religiões monetizadas são uma fraude, urdida para chantagear, extorquir, aprisionar e alienar os seus seguidores, da mesma maneira que o ópio aprisiona, aliena e degrada os seus usuários.

O que fazer, então, para aplacar o nosso anseio por espiritualidade, se as religiões são quase todas monetizadas e usadas politicamente por seus donos, para o exercício do poder?

A Prática Espiritual das Pessoas Livres é um caminho para a espiritualidade sem o aprisionamento do praticante a qualquer pessoa, a qualquer dogma ou a qualquer doutrina, manipuladora ou não.

A Prática Espiritual das Pessoas Livres é o exercício da solidariedade e do amor a si e ao próximo, na forma mais pura. Essa prática livre, libertária e libertadora é troca de acolhimento, de saberes, de conhecimento e de experiências entre iguais, com base em fatos reais do mundo real e não em ideias viciadas e ideais impossíveis.

A Prática Espiritual de Pessoas Livres é uma atividade contínua, solitária ou em grupo, livre de hierarquia, livre de dogmas, livre de rituais e sem a necessidade de submissão a livros de mitologia, supostamente sagrados, supostamente inspirados por um deus que nem existe. O Deus das religiões evangélicas é um deus antropomórfico, cúmplice de seu espírito zoomórfico, um tal de espírito santo, que surge impávido sob a forma de um sedutor pombo branco, columbídeo inspirador de ungidos escribas de mentiras e de iluminados profetas de coisa alguma, deleitando-se em ser um fecundo inseminador de idosas e de donzelas, como é vista e adorada pelos fiéis essa divina encarnação columbina do "Espírito Santo de Deus", o pai biológico de Jesus Cristo.

Para Buda, pessoa alguma está acima de qualquer outra pessoa; ninguém é melhor ou pior do que ninguém, porque "no caminho da verdade, o único mestre possível são seus próprios pês". "Aprendemos uns com os outros, lembrando sempre que a diferença de conhecimento entre nós é devida ao tempo que cada um de nós dedica ao estudo, à reflexão e à meditação. O sentido, o 'tao da vida', é o mesmo para todos nós"[1].

A Prática Espiritual das Pessoas Livres é um encontro amoroso solitário consigo mesmo ou um encontro fraterno de pessoas, em qualquer lugar, para tratar de espiritualidade e compartilhar saberes, conhecimentos e experiências. Encontro voluntário, sem sacerdotes, sem hierarquia, sem mitologia, sem orações, sem dogmas, sem ritos; encontro que costuma atrair o amor e a poesia, na pureza, no silêncio, no vazio e na onipotência de nossa essência imortal.

Os livres praticantes de hoje e os de sempre precisam manter-se atentos aos fatos e atualizados aos avanços de conhecimentos e descobertas científicas e tecnológicas de sua época. Atualmente, a física subatômica é o conhecimento humano mais próximo da espiritualidade.

É fácil praticar sozinho a espiritualidade livre, pura, mas será que ainda é possível formar turmas de praticantes livres, não religiosos, não devocionais, em grupos não monetizados?

---

[1] SILVA, Georges da; HOMENKO, Rita. Budismo: Psicologia do Autoconhecimento. Editora Pensamento.

É, sim.

Vivi durante trinta anos numa colônia de praticantes do budismo livre, não religioso, não devocional, não monetizado, acolhedor de qualquer pessoa, qualquer que fosse a sua fé ou crença. Essa colônia de praticantes livres, chamada A Casa da Aranha, existiu na Ilha de Itaparica, Bahia.

Deixei a Casa da Aranha para viver uma experiência sufi com a Banda Navio Negreiro, um grupo musical formado por músicos afrodescendentes pobres, sem chance de fazer carreira no Brasil, país que nos afronta com o racismo estrutural e com a ignorância e o mau gosto musical de parcela dominante da mídia, principal divulgadora da cultura musical. Apresentei à banda a ideia da prática espiritual de pessoas livres, aparentemente aceita pelo grupo, e passei a escrever músicas para a banda.

Uma dessas músicas foi premiada num grande festival mundial de música popular, em Portugal. Éramos um grupo de doze pessoas, nove músicos no palco, um músico genial na direção musical e duas pessoas na produção executiva: uma jovem formanda no curso de Comunicações e eu, funcionário público, caminhando para a aposentadoria.

Unidos, suportamos recusas e privações, superamos barreiras, trocamos saberes, informações, ideias e experiências. Sem dinheiro, moramos em barracas, num camping na Costa da Caparica, perto de Lisboa, até que o reconhecimento público nos ofereceu, simultaneamente, dois dos resultados práticos do nosso esforço: o sucesso musical e financeiro para a Banda Navio Negreiro e o fim da comuna nômade sufi de supostos praticantes do budismo livre.

Ah, esse deus dinheiro!

2.

QUEM SOMOS NÓS, O QUE SOMOS NÓS?

Nós não somos apenas seres temporários, criaturas submissas ao tempo que aparentamos ser. Nós não somos apenas o corpo perecível e a mente perecível que vestimos, na nossa jornada pelo universo material.

Nós somos imortais. Somos energia! Energia dissociada da matéria.

Nós somos pura energia imaterial onipotente, sem começo e sem fim, sem passado e sem futuro.

Nosso corpo material perecível é constituído de milhões de células, que se unem formando tecidos, órgãos e sistemas, integrados pela mente, por meio de energia eletromagnética.

A nossa essência imortal é pura energia dissociada da matéria, pura energia imaterial onipotente, sem começo e sem fim, sem passado e sem futuro.

Insistimos que nossa essência imortal é energia pura, silenciosa, vazia (sem nome, sem conteúdo, sem massa e sem forma), energia onipotente, sem começo e sem fim, sem passado e sem futuro, de onde vem o universo material, onde repousa o universo material e onde permanece a energia imaterial onipotente, que vibrava, pulsava e se irradiava de todos os corpos materiais extintos no universo.

A expressão da nossa essência imortal no universo material é um sentimento – o amor – com a pureza, o silêncio, o vazio e a onipotência de nossa essência imortal, portanto, somos a pura energia imaterial onipotente da união, da aliança, da unidade, da unidade da vida, como somos a energia imaterial onipotente da criação do universo, da construção do universo e da expansão do universo.

Sempre que nós, a nossa pessoa de corpo e mente perecíveis, estivermos compensados com a nossa essência imaterial onipotente, sempre que nós estivermos em harmonia com a nossa essência imortal, nós somos *amor*, somos *compreensão*, somos *serenidade*, somos *tranquilidade*, somos *harmonia*, somos *equilíbrio*, somos *quietude*; somos *paz*, somos *saúde*, somos *alegria*, somos *felicidade*; somos *compaixão*, somos *perdão*, somos *gratidão*; somos *solidariedade*, somos *fraternidade*, somos *amizade*, somos *unidade*, somos *união*, somos *força*, somos *energia*, somos *luz*, somos *brilho*, somos *calor*, somos *alegria* e somos *felicidade*; somos *alegria* e somos *felicidade* **plenas**, somos *alegria* e somos *felicidade* **permanentes**, somos *alegria* e somos *felicidade* **crescentes**, somos *alegria* e somos *felicidade* **inabaláveis**; *alegria* e *felicidade* que nos conduzem e nos acompanham em nossa jornada maravilhosa de alegria e felicidade, sem sofrimento, pelo universo material, sempre no **óctuplo caminho livre**, o nosso caminho livre do sofrimento e livre do mal. O sofrimento não vem apenas da dor da rejeição ou de uma ferida qualquer. Sofrimento é quando os momentos de dor, de tensão, de desconforto, de dificuldade, de tristeza e de infelicidade são permanentes, ou mais constantes ou mais frequentes do que os momentos de saúde, de alívio, de conforto, de paz, de alegria e de felicidade.

O nosso *caminho livre do sofrimento* é também o nosso caminho livre do *mal*, porque é o caminho livre da ignorância de não compreender o bem, livre da ignorância de não compreender o mal, livre da ignorância de não compreender a matéria, livre do desejo e livre do apego. Caminho *livre do mal* porque é livre da ignorância de não compreender que a raiz do mal é a raiva, é o ódio, é a inveja e é a mentira e o livre da ignorância de não compreender que a raiz do bem é ser livre da raiva, é ser livre do ódio, é ser livre da inveja e é ser livre da mentira. Caminho de compreender a matéria, de compreender que tudo que tem nome, conteúdo, massa, forma, preço e valor, isto é, de compreender que tudo que é material é *impermanente*, é *impessoal* e é *insatisfatório*. O óctuplo caminho livre é o *caminho livre do sofrimento e livre do mal*.

No sentido *objetivo, racional* e *competitivo, compaixão* é sentir-se melhor, mais afortunado, mais abençoado, mais bem-aventurado do que os que sofrem mais do que nós, ser solidário com quem sofre mais do que nós, mas ser solidário apenas na doença e na tragédia, tendo pena, visitando, dando esmola, fazendo caridade.

No sentido *subjetivo, intuitivo* e solidário, *compaixão* é sentir-se igual ao outro, nem melhor, nem pior do que ninguém. Nesse sentido, compaixão é dar a mão aos que sofrem mais e caminhar com eles para longe do sofrimento.

3.

O SEGREDO DA FLOR DE OURO

O *Segredo da Flor de Ouro* é um livro taoísta sobre a meditação neidan, contendo uma compilação de ensinamentos budistas e confucionistas. Na tradução do livro feita pelo sinologista Richard Wilhelm, com comentários de Carl Gustav Jung, o poema "Hui Ming Ging" foi incluído, mas deixado de lado, sem comentários dos autores, possivelmente para nos ajudar a desvendar apenas com a leitura do poema o segredo mais sutil do tao, que é o sentido da vida.

Na tradução da palavra "tao" para a língua portuguesa, ela significa "sentido". Assim, o tao da vida é o sentido da vida, que é viver e ser feliz. O tao da física é o sentido da física, que é o de nos oferecer conhecimento para a vida. O tao deste livro é ser um manual de introdução à pratica espiritual da "não religião", o exercício da espiritualidade sem a intromissão de deuses mitológicos, de dogmas e da fé. O tao da "não religião" é a liberdade da espiritualidade em harmonia apenas com o conhecimento e com a evolução do universo material.

HUI MING GING

Sem começo e sem fim, sem passado e sem futuro
Um clarão envolve o mundo dos espíritos

Lembremo-nos uns dos outros, puros, silenciosos, vazios e onipotentes
O vazio é preenchido pelo brilho do coração celeste
Lisa é a superfície das águas e a lua se espelha na superfície lisa das águas serenas, calmas, tranquilas
Apagam-se as nuvens no espaço azul
Lúcidas cintilam as montanhas
A consciência se dissolve em contemplação
Solitário, repousa o disco da lua.[2]

O verso **"Sem começo e sem fim, sem passado e sem futuro"** é o sentido da eternidade, é o tao da eternidade. O sentido da eternidade é o tempo sem começo e sem fim, sem passado e sem futuro.

As religiões monetizadas prometem a vida eterna em outra vida, depois da morte, porque, para as religiões monetizadas, esta vida é um castigo, uma provação, um vale de sofrimentos, lágrimas e expiações. Mas a eternidade existe e sempre existiu, antes, durante e depois da morte do corpo, porque a eternidade é o agora, e o agora também é o infinito tempo, sem começo e sem fim, sem passado e sem futuro, logo, o agora é o tao da eternidade.

O budismo orienta a nossa atenção para o agora, ao que acontece agora, à eternidade vivida por quem vive o agora. O agora não tem começo, nem fim; não tem passado, nem futuro. O agora é sempre agora. O passado não existe mais e o futuro não existe agora. A felicidade é sempre agora e o agora é somente agora. O agora é o tao da eternidade.

"Um clarão envolve o mundo dos espíritos". O mundo real é o mundo alcançado pelos nossos sentidos e pelo nosso

---
[2] Jung, C. G.; Wilhelm, R. Segredo da flor de ouro: Um livro de vida chinês. Editora Vozes.

conhecimento. O *mundo dos espíritos*, a realidade além dos nossos sentidos e dos nossos conhecimentos, é o universo fora do nosso alcance científico e sensorial. O *mundo dos espíritos* é muito distante e invisível para nós.

Dizem os místicos budistas que a nossa essência imortal, una e indivisível, é um todo que está em todos os corpos do universo, como uma fonte de luz, produzindo um clarão sem fim. Esse místico clarão de luz emana da essência imortal de cada um de nós e se irradia através do *coração celeste*, envolvendo o universo material visível e o universo material invisível, o universo além dos nossos sentidos, que é *o mundo dos espíritos*.

O nosso *coração celeste,* ou o *terceiro olho*, ou a projeção mística da glândula pineal, é um ponto imaginário na testa, entre os olhos. Para os budistas, o terceiro olho, ou o sexto chakra, representa a intuição e a percepção sutil.

"Lembremo-nos uns dos outros, puros, silenciosos, vazios e onipotentes". Daqui a meia hora já não seremos os mesmos que somos agora. Agindo sobre o nosso corpo físico, o tempo faz de nós seres mutantes, do nascimento até a morte. Aprendemos com a vida todos os dias e nos tornamos melhores ou piores do que somos a cada instante.

Pelo fato de sermos tão mutantes fisicamente é que devemos nos concentrar na nossa essência imortal e perceber que somos puros, silenciosos, vazios e onipotentes. Puros porque somos energia dissociada da matéria, pura energia imaterial onipotente. Silenciosos sempre que a nossa mente está vazia de ruídos, tanto ruídos exteriores quanto os ruídos de nossos pensamentos. Vazios porque a energia imaterial que somos não tem nome, não tem conteúdo, não tem massa e não tem forma. Onipotentes porque nossa essência imortal é a pura energia imaterial onipotente de onde vem o universo material, onde repousa o universo material e onde permanece a energia imaterial onipotente que vibrava, pulsava e se irradiava de todos os corpos materiais extintos no universo.

A expressão de nossa essência imaterial onipotente é o sentimento chamado *amor*, sentimento da nossa essência imortal, portanto, sentimento de pura energia imaterial onipotente da união, da aliança, da unidade, da unidade da vida e, também, o sentimento de que somos em nossa essência a energia imaterial onipotente da criação do universo, da construção do universo e da expansão do universo.

"O vazio é preenchido pelo brilho do coração celeste". No universo material finito, o vazio da nossa realidade material finita é preenchido e expandido, como a nossa consciência, pelo brilho do coração celeste. A nossa essência imaterial infinita é o brilho do *coração celeste*.

"Lisa é a superfície das águas e a lua se espelha na superfície lisa das águas serenas, calmas, tranquilas". A superfície lisa das águas é o espelho que não distorce a imagem que reflete.

Para nós mesmos, o que nós somos é um lindo mistério. Para os demais, nós somos aquilo que fazemos e o que demonstramos ser, de acordo com nossas ações.

O nosso corpo é quase todo feito de água. Quando estamos de corpo e mente compensados e em harmonia com a nossa essência imortal, as nossas águas estão serenas, calmas, tranquilas e a superfície de nossas águas é o espelho do universo. A Lua, a Terra, o céu, o mar, o Sol e todas as outras estrelas, a beleza de todos os corpos do universo se reflete em nós, na superfície lisa das nossas águas serenas, calmas, tranquilas.

Em harmonia com a nossa essência imortal, ficamos em harmonia com o universo, serenos, calmos, tranquilos e a superfície lisa de nossas águas reflete toda a beleza do universo.

"Apagam-se as nuvens no espaço azul". A mente quieta, silenciosa, é como um céu azul, sem nuvens, sem raios e sem trovões. Inquieta, a nossa mente esconde a beleza do nosso céu azul, escondido sob nuvens, raios assustadores e ruidosos trovões, que nos impedem de ser a beleza do azul do nosso céu. Todas as nuvens, ou pensamentos, desaparecem quando a nossa mente está quieta, silenciosa. Silenciosa, a nossa mente é um lindo e infinito céu azul. A meditação é a arte e a disciplina de apagar nuvens em nossa mente, deixando-a livre para deixar brilhar em nós a luz do *coração celeste*.

"**Lúcidas cintilam as montanhas**". Vivemos para brilhar, cintilar, não como estrelas distantes, mas como montanhas ensolaradas na nossa paisagem. Somos solitárias montanhas para nós mesmos e desconhecidas, temidas ou ignoradas montanhas para os demais. Para brilhar, usamos a lucidez das montanhas. A lucidez das montanhas é viver e ser a beleza de ser montanhas na paisagem, sem tensão, sem intenção de ser montanha e com atenção. Cintilando como montanhas nos tornamos o céu de todas as coisas, tocando e desfrutando coisas boas e mantendo o que não é bom bem abaixo de nós.

"**A consciência se dissolve em contemplação**". A consciência mental, a consciência visual, a consciência olfativa, a consciência gustativa, a consciência auditiva e a consciência tátil se dissolvem em contemplação do nosso corpo, em contemplação da nossa mente, em contemplação dos fenômenos mentais sensoriais e em contemplação dos fenômenos mentais extrassensoriais.

"**Solitário, repousa o disco da lua**". O disco da Lua, ou o corpo físico da Lua, o nosso corpo físico e todos os corpos físicos do universo material repousam na pura energia imaterial onipotente, esquecidos na mais profunda solidão do espaço-tempo. Todos os corpos no universo material repousam na imensidão do tempo e na solidão do espaço, sobre a nossa essência imortal, a pura energia imaterial onipotente, de onde vêm todos os corpos do universo material, onde repousam todos os corpos do universo material e onde permanece a energia imaterial onipotente de todos os corpos extintos no universo material.

Na solidão do espaço, a expressão da pura energia imaterial onipotente é o amor em nós. E o nosso amor é a saudação de duas solidões, como intuiu o poeta Rainer Maria Rilke.

4.

AS QUATRO VERDADES PRINCIPAIS

As quatro verdades principais são: 1) a verdade da *existência* dos sofrimentos; 2) a verdade da *origem* dos sofrimentos; 3) a verdade da *cessação* dos sofrimentos e 4) a verdade dos caminhos que nos levam à *extinção* dos sofrimentos.

Primeira verdade principal: a verdade da existência dos sofrimentos.

Segundo os teóricos do budismo pós-Buda, as quatro verdades da prática budista são *nobres* e a primeira verdade é a verdade da existência *do sofrimento*. Buda sabia que o sofrimento não é um só e que cada pessoa tem o seu sofrimento. E, se não há dúvida de que o sofrimento é plural e a nobreza não é sinal de sua maior relevância, em relação à vida, trataremos das quatro verdades como *principais* e de *dois sofrimentos*, o sofrimento individual e o sofrimento coletivo, o que parece mais adequado a tudo que foi vivido e comentado por Buda.

O *sofrimento profundo* é o sofrimento coletivo e o *sofrimento superficial* é o sofrimento individual.

Sofrimento profundo é nascer, crescer, viver, envelhecer e morrer, iludido e explorado, na fome, na miséria, no medo, no desamparo e na injustiça. A enfermidade crônica, a enfermidade prolongada e qualquer enfermidade, na fome, na miséria, no medo, no desamparo e na injustiça é *sofrimento profundo*.

O *sofrimento superficial*, o sofrimento individual, é causado por nossas paixões, principalmente por nossa ignorância de não compreender o bem, o mal e a matéria.

Segunda verdade principal: a verdade da origem dos sofrimentos.

Em toda sociedade desigual, a origem do *sofrimento profundo*, o sofrimento coletivo, é o predomínio do interesse individual competitivo sobre a solidariedade e sobre o amor ao próximo. O interesse individual competitivo inibe a solidariedade e restringe o amor ao próximo à doença e à tragédia.

A origem do *sofrimento superficial*, o sofrimento individual, é a ignorância de não compreender o bem, de não compreender o mal, de não compreender a matéria, é o desejo, é o apego, é a raiva, é o ódio, é a inveja, é a mentira, é a usura, é a ganância, é o egoísmo, é a avareza e é a ambição, a ambição por *dinheiro*, a ambição por *bens materiais* e a ambição por *acumular riqueza*.

Terceira verdade principal: a verdade da cessação dos sofrimentos.

O *sofrimento profundo*, o sofrimento coletivo, cessa quando a solidariedade e o amor ao próximo passam a predominar socialmente sobre o interesse individual competitivo. A solidariedade e o amor ao próximo limitam o interesse individual competitivo ao bem comum e socializam a propriedade privada da terra e dos meios de produção.

O *sofrimento individual* cessa com o fim das causas do sofrimento individual, com o fim da *ignorância de não compreender o bem, de não compreender o mal, de não compreender a matéria*, com o fim do *desejo*, com o fim do *apego*, com o fim da *raiva*, com o fim do *ódio*, com o fim da *inveja*, com o fim da *mentira*, com o fim da *usura*, com o fim da *ganância*, com o fim do *egoísmo*, com o fim da *avareza* e com o fim da *ambição*, com o fim da *ambição por dinheiro*, com o fim da *ambição por bens materiais* e com o fim da *ambição por acumular riqueza*.

Quarta verdade principal: a verdade dos caminhos que nos levam à extinção dos sofrimentos.

O caminho que nos leva à extinção do *sofrimento profundo*, do sofrimento *coletivo*, é a luta revolucionária da maioria, para estabelecer na sociedade o predomínio da solidariedade e do amor ao próximo sobre o interesse individual competitivo, impedindo a concentração de riqueza e renda, assegurando a justa distribuição de renda e limitando ao bem comum o interesse individual competitivo, a propriedade privada da terra e dos meios de produção.

O guru indiano Osho liderou no século passado uma luta coletiva bem-sucedida pelo fim de injustiça social, fundando comunas em vários países do mundo ocidental. Nas comunas de Osho, praticava-se viver a solidariedade e o amor ao próximo, o que inibe o interesse individual competitivo.

Nas comunas de Osho, a prática espiritual é viver a solidariedade e o amor ao próximo, a propriedade coletiva da terra, dos meios de produção, onde os frutos do trabalho de cada um eram compartilhados por todos. O mesmo modelo de comuna de sucesso que o beato Antônio Conselheiro construiu em Canudos, na mesma época em que os agricultores russos formavam nesses mesmos moldes prósperas comunas agrícolas na Rússia czarista.

O sucesso espiritual e material de todas essas experiências exitosas do predomínio social da solidariedade e do amor ao próximo sobre o interesse individual competitivo foi tamanho, a ponto de abalar os alicerces do sistema capitalista plutocrático dominante, levando os governantes plutocratas a realizarem violentas ações de extermínio dessas comunas.

Canudos tornou-se o celeiro da região mais inóspita do nordeste do Brasil e o único lugar onde havia riqueza e corria muito dinheiro, tanto assim que os mascates concentravam suas vendas na rica comuna de Canudos, enquanto, sem mão de obra escravizada dos trabalhadores rurais, as fazendas dos oligarcas latifundiários ficaram improdutivas, imprestáveis.

Da mesma forma, sem a mão de obra dos trabalhadores rurais, as fazendas da aristocracia russa tornaram-se terras devolutas, improdutivas, enquanto as comunas agrícolas russas concentravam riqueza e renda, a ponto de tornarem-se as maiores investidoras da Revolução Industrial na Rússia.

As ricas comunas de Osho ostentavam tamanha riqueza coletiva que seus moradores compartilhavam caríssimos automóveis Rolls-Royce da comuna, para pequenos deslocamentos, e aviões próprios, para viagens mais longas, como propaganda da maior produtividade, riqueza e eficiência das comunas solidárias em relação ao modo de vida individualista competitivo, predominante nos países capitalistas.

A comuna de Canudos foi reduzida a pó e todos os seus habitantes assassinados pelo Exército brasileiro, após quatro anos de uma guerra sangrenta e desproporcional.

As comunas russas foram dispersadas por Piotr Stolipin, ardiloso primeiro-ministro do czar Nicolau II, que convenceu a aristocracia a dividir, em pequenas glebas, metade das suas melhores terras, para não perder tudo, e ofereceu-as gratuitamente a cada família de agricultores das comunas.

Osho foi expulso dos Estados Unidos e impedido de recriar suas comunas, tanto nos Estados Unidos quanto nos países-satélites dos Estados Unidos, na Europa e no continente americano.

O caminho que nos leva à extinção do *sofrimento superficial*, o *sofrimento individual*, é o *óctuplo caminho livre*, caminho livre do sofrimento e livre do mal. O *óctuplo caminho livre* é: 1) *introspecção e sabedoria*; 2) *conduta ética* e *moralidade* e 3) *meditação*.

Introspecção e sabedoria (pensamento e compreensão): 1) nosso *pensamento* livre, nosso *pensamento* firme, nosso *pensamento* verdade, nosso *pensamento* amor, que é nosso pensamento livre da raiva, livre do ódio, livre da inveja e livre da mentira; 2) nossa *compreensão* livre, nossa *compreensão* firme, nossa *compreensão* verdade e nossa *compreensão* amor, que é compreender o bem, compreender o mal e compreender a matéria.

Conduta ética e moralidade (palavra, ação e meio de vida): 3) nossa *palavra* livre, nossa *palavra* firme, nossa *palavra* verdade e nossa *palavra* amor, que é falar somente a verdade, ou ficar em silêncio; 4) nossa *ação* livre, nossa *ação* firme, nossa *ação* verdade e nossa *ação* amor, que é só fazer o bem, porque o bem é livre da raiva, livre do ódio, livre da inveja e livre da mentira; 5) nosso *meio de vida* livre, nosso *meio de vida* firme, nosso *meio de vida* verdade e nosso *meio de vida* amor. *Meio de vida* e não de *meio de morte*. Meio de morte é o comércio de *animais*, o comércio de *carnes*, o comércio de *armas*, o comércio de *drogas e de bebidas embriagadoras* e o comércio de *venenos*.

Meditação (esforço, atenção e concentração): 6) nosso esforço mental livre, nosso esforço mental firme, nosso esforço mental verdade, nosso esforço mental amor, que é o nosso *esforço* de evitar o mal (nosso esforço de evitar a raiva, nosso esforço de evitar o ódio, nosso esforço de evitar a inveja e nosso esforço de evitar a mentira), nosso *esforço* de vencer o mal (nosso esforço de vencer a raiva, vencer o ódio, vencer a inveja e vencer a mentira), nosso *esforço* de desenvolver o bem (nosso esforço de nos desenvolvermos livres da raiva, livres do ódio, livres da inveja e livres da mentira) e nosso *esforço* de manter o bem (nosso esforço de nos manter livres da raiva, livres do ódio, livres da inveja e livres da mentira); 7) *atenção*: nossa *atenção livre*, nossa *atenção firme*, nossa *atenção verdade* e nossa *atenção amor* (nossa *atenção* ao nosso corpo, nossa *atenção* à nossa mente, nossa *atenção* aos fenômenos mentais sensoriais – visuais, olfativos, gustativos, auditivos e táteis – e nossa *atenção* aos fenômenos mentais extrassensoriais); 8) *concentração*: nossa *concentração* livre, nossa *concentração* firme, nossa *concentração* verdade e nossa *concentração* amor, que é fechar os olhos, fixar um ponto, viver os quatro grandes esforços (viver nosso esforço de evitar o mal, de vencer o mal, de desenvolver o bem e de manter o bem) e praticar os quatro fundamentos da atenção (praticar a nossa atenção ao nosso corpo, à nossa mente, aos fenômenos mentais sensoriais – visuais, olfativos, gustativos, auditivos e táteis) e praticar a nossa atenção nos fenômenos mentais extrassensoriais.

Eis é o óctuplo caminho livre, a prática espiritual das pessoas livres, que eleva o nosso corpo perecível e a nossa mente perecível à pureza, ao silêncio, ao vazio e à onipotência de nossa essência imortal.

CANUDOS

Quem é Antônio dos Mares?
É o peregrino do sertão
Ele pousou em belo monte, como ave de arribação
E fez riqueza e alegria, no lugar da exploração

Quem é Antônio dos Mares?
É o fundador de Canudos
A comuna brasileira sem escravo e sem patrão
Que deu riqueza e alegria a um povo sem salvação

Ele não é o último
Nem o primeiro
É o depois do derradeiro
É Antô*nio Conselheiro*
O justiceiro do sertão (bis)

Acabou com a miséria
Deu um basta à exploração
Libertou os condenados na força da união
E transformou Canudos no celeiro da região

Ele não é o último
Nem o primeiro
É o depois do derradeiro
É Antô*nio Conselheiro*
O justiceiro do sertão (bis)

Tinha fartura e tinha festa
Na mesa e na plantação
O sucesso da comuna
Era cantado em prosa e verso
E se espalhou pelo sertão

Os antigos opressores ficaram apavorados
O povo vivia contente, a vida sem explorados
Igualdade para toda gente

Ele não é o último
Nem o primeiro

É o depois do derradeiro
É Antô**nio Conselheiro**
O justiceiro do sertão

A igreja sem rebanho murchava que nem doente
Coronel sem operário chorava feito demente
Sem colher e sem plantar, incapaz de trabalhar
É fruta podre sem semente

Mas o Brasil é sempre o mesmo
E desde os primeiros dias
Para se curvar aos estrangeiros
Precisa ser governado por infames oligarquias

Ele não é o último
Nem o primeiro
É o depois do derradeiro
É Antô**nio Conselheiro**
O justiceiro do sertão (bis)

1897 foi o ano
5 de outubro foi o dia
Depois de heroica resistência
Por três anos ou mais
Canudos foi arrasada
E seus habitantes dizimados
Pelas tropas federais

Ele não é o último
Nem o primeiro
É o depois do derradeiro
É Antô***nio* Conselheiro**
***O justiceiro do sertão* (bis)**

Mas Antônio Conselheiro está de volta
Às cidades e ao sertão
Para chamar os excluídos a uma nova união
Para acabar de vez com a fome, a violência e a exploração

Para acabar de vez com a fome, a violência e a exploração

Ele não é o último
Nem o primeiro
É o depois do derradeiro
É Antô***nio* Conselheiro**
O justiceiro do sertão

CAPÍTULO 1

O PRINCÍPIO

Há mais respeito, carinho e amor entre amigos do que entre marido e mulher. O relacionamento íntimo entre casais, especialmente entre casais conservadores cristãos, vive uma longa crise, acirrada por mentiras e traições, porém, há na mitologia greco-romana uma explicação para tamanha crise afetiva.

Diz a bíblia mitológica clássica, a mitologia greco-romana, que no começo dos tempos os humanos eram seres perfeitos, amorosos, alegres, brincalhões, muito eficientes e produtivos, porque não havia a separação dessas pessoas. Só havia essas pessoas e muita união. Eram apenas seres humanos inteiros, seres completos, para alegrar a vida e embelezar a natureza.

Apenas seres maravilhosamente monstruosos, possuidores de duas cabeças, quatro olhos, quatro braços, quatro pernas, com os demais órgãos do corpo humano em dobro do que há no corpo humano atual, inclusive dois amorosos corações. Os primitivos humanos não se acasalavam, porque eram hermafroditas, reproduzindo-se por si próprios.

Brincalhões, certo dia os humanos resolveram construir com os seus corpos uma imensa torre em direção ao céu, centenas de milhares deles, uns subindo nos outros, a partir de uma sólida base circular, construída deles mesmos, com seus braços firmes entrelaçados, formando um firme alicerce sobre o qual os demais seres subiam e se acomodavam nos ombros de cada um.

Ao verem os humanos cada vez mais próximo de alcançar o Olimpo, os deuses se alarmaram e consideraram que a chegada dos humanos ao Olimpo seria o fim dos deuses, pelo fato de os humanos serem plenos de amor, o poder supremo que os deuses não possuíam.

"O que fazer, então?", perguntaram os deuses. Prontamente Ares, ou Marte, o deus da guerra, respondeu que a solução é Zeus, ou Júpiter, lançar raios sobre os humanos e destruí-los de uma vez, no que Hera, ou Juno, ponderou que destruindo os humanos não haveria mais ninguém para adorar os deuses.

Foi então que Atena, ou Minerva, sugeriu que os raios de Zeus não exterminassem os humanos, mas os dividissem ao meio. Dessa forma os humanos perderiam metade do seu poder, de sua força e metade de suas habilidades fantásticas, enquanto os deuses passariam a ter o dobro de adoradores.

E assim foi feito. A partir de então, os seres humanos passaram a ser a metade do que eram, tornando-se homens e mulheres, portadores da inigualável dor da separação, o que os faz vagar errantes pelo mundo, em busca da unidade ancestral perdida, tentando alcançá-la por meio de um acasalamento mágico que os faça voltar a ser os mesmos amorosos seres que eram, no começo dos tempos.

A falta de maturidade emocional e a abundância de sentimentos mesquinhos, como a raiva, o ódio, a inveja e a mentira, fazem com que casais raramente se encontrem e se reconheçam num só ser, o que os leva à insegurança e à competição entre si.

CAPÍTULO 2

O MEIO

Movidas pela fé, as religiões são incapazes de evoluir. Estão estagnadas em suas formas e propósitos primitivos, há mais de 10 mil anos, sem avanços ou qualquer realização em seu proveito, nem em benefício da humanidade.

Ao contrário das religiões, a ciência tem alcançado progresso impressionante e feito importantes descobertas, criando novas possibilidades e avançadas tecnologias em proveito da humanidade.

A existência da religião depende da fé, que significa crença, credibilidade, confiança, sem qualquer tipo de prova ou evidência daquilo que só a fé nos faz acreditar. Por meio da fé, o devoto acredita incondicionalmente, piamente, numa explicação de mundo, da vida, do sofrimento, da morte e da pós-morte, como sendo uma verdade absoluta, e passa a crer na sua ilusão mais cegamente ainda quando se vê diante de prova objetiva e racional, em oposição à sua crença.

Movido pela fé, o devoto chega a um espaço irreal, passando a viver nesse mundo idealizado, supondo ser o mundo real, sem se perceber vivendo ilusões, acreditando incondicionalmente em mentiras, negando a verdade objetiva, racional, acorrentado aos grilhões de manipuladores e aproveitadores de sua crença, como seres indefesos, vulneráveis, desamparados, sobrevivendo a esmo numa procissão tenebrosa, à espera da morte, que trará uma hipotética recompensa prometida por ladrões que só querem extorquir o dinheiro dos devotos que escravizam.

A *Prática Espiritual das Pessoas Livres* repele a fé e desafia a dúvida.

A *Prática Espiritual das Pessoas Livres* da religião foca nos fatos reais e na ciência, como suas ferramentas de busca da verdade, sendo os fatos, o caminho, e o conhecimento científico o movimento. Caminho e movimento do praticante ao encontro da compreensão dos mundos material e espiritual.

Dessa maneira, ao se ver num estado de incerteza, o livre praticante não aceita nem nega as aparências e, por meio da dúvida, assume a consciência de sua falta de conhecimento específico e busca o conhecimento necessário para superar suas limitações e incertezas. A ignorância e a dúvida nos levam a procurar informação e conhecimento. Conhecer e informar são os principais objetivos da ciência e o conhecimento e a informação são a base da liberdade humana.

Diante do infortúnio, o devoto tem a fé de que a sua situação vai melhorar, pela graça da intervenção divina, enquanto o livre praticante sabe que, na sua essência, ele próprio é a energia onipotente e é ele mesmo a força que o fará superar o momento difícil, vencendo as provações passageiras, ou aprendendo a lidar com elas, por se saber maior do que qualquer dificuldade.

Enquanto o devoto religioso ajoelha-se diante do suposto representante do divino, o praticante sabe que ele mesmo é o céu de todas as coisas, vê o bem e o mal, por maiores que sejam, sempre abaixo de si e inferiores ao seu ilimitado poder de ser feliz.

Diante do efêmero alívio do infortúnio, o devoto diz "Graças a Deus" e o livre praticante diz "Graças à vida que está em mim e à energia onipotente, que eu sou".

***

A conservação e a expansão dos privilégios da classe dominante devem-se aos instrumentos de controle social das massas, que induzem as pessoas ao seu próprio enfraquecimento, obrigando-as a agirem como inimigas do seu próprio corpo e a lutar contra a sua natureza.

Os principais instrumentos de controle social das massas pela classe dominante são o *medo*; a *religião*, que é a principal difusora do medo; a *polícia*; a indústria farmacêutica e a *indústria de alimentos*.

A *religião* nega a nossa natureza, ao nos impor limites e proibições absurdas, sejam elas sexuais ou comportamentais – o conhecido terrorismo da fé –, levando-nos a conflitos pessoais, à desunião e à hipocrisia. A *religião* se intromete em nossas escolhas e opções de identidade e gênero, taxando-as de pecaminosas caso sejam contrárias ao padrão estabelecido pela espúria hierarquia sacerdotal, submissa ao regime quase sempre patriarcal da classe dominante, criando e estimulando conflitos entre pais e filhos, apresentando-se hipocritamente como mediadora dos conflitos que provoca

Dominada pelas milícias civis e militares do crime organizado, a *polícia* é o principal agente da vigilância, da repressão, da perseguição e do extermínio de pessoas mais vulneráveis e indesejáveis. A missão da polícia é garantir aos mais ricos a impunidade, zelar pela sua segurança e proteger seu patrimônio crescente.

Nas abordagens a transeuntes e na repressão policial a manifestações de pessoas desarmadas, que confrontam o sistema injusto e perverso, a polícia não hesita em usar a violência contra a população indefesa, que aceita, mansa e pacificamente, a opressão institucional e o terrorismo de Estado.

Há pouco mais de 100 anos surgiu a *indústria farmacêutica*, para lucrar e concentrar riqueza, poder e renda, precarizando a saúde de nosso corpo indefeso e de nossa mente tão atacada.

Precarizar a nossa saúde física e mental é um plano de governo, que nos mantém desinformados, deseducados e desunidos, em benefício da *indústria* farmacêutica pertencente à classe dominante.

Não coincidentemente, há cerca de 100 anos, em 1928, o médico fisiologista Otto Heinrich Warburg publicou o mais importante trabalho científico na história da Medicina sobre a causa das doenças, o que lhe rendeu o Prêmio Nobel em 1930.

O doutor Warburg descobriu e provou que um organismo alcalino é forte e imune às doenças. As doenças ocorrem e se propagam apenas em organismos ácidos.

O câncer, por exemplo, não prospera num meio alcalino e a indústria farmacêutica produz drogas sintéticas acidificantes e inflamatórias, supostamente para combater doenças inflamatórias, degenerativas e autoimunes, mas apenas mascara alguns sintomas de defesa imunológica, como a febre e a dor, camuflando a doença, supostamente tratada, criando novas doenças com os efeitos colaterais dessas drogas.

Financiadas pela indústria farmacêutica, as escolas médicas formam cambistas de drogas farmacêuticas, chamados de médicos, escondendo dos estudantes a existência do trabalho de doutor Warburg.

Em parceria letal com a indústria farmacêutica, a *indústria de alimentos processados* produz alimentação ácida e inflamatória, causadora de doenças, especialmente a obesidade, que é a pandemia global crescente da humanidade.

Um exemplo dessa cumplicidade contra nós, entre *indústria farmacêutica* e a *indústria de alimentos*, é o sal de cozinha vendido à população.

A *indústria farmacêutica* compra das salinas todo o sal integral à venda e processa o sal integral, retirando os minerais para produzir suplementos alimentícios.

O refugo do processo de produção de suplementos minerais da indústria farmacêutica é o cloreto de sódio, doado pela indústria farmacêutica à indústria de alimentos, que refina, embala e vende esse cloreto de sódio como se fosse sal de cozinha.

Logo no início dessa abominável associação criminosa, ocorreu no Brasil uma gravíssima epidemia de bócio.

Diante da alarmante gravidade da situação de saúde pública, o governo interveio obrigando a indústria de alimentos a adicionar iodo ao cloreto de sódio, enganosamente comercializado como sal de cozinha, porque o iodo é usado para combater o bócio.

Contudo, as doses inseguras de iodo, adicionadas ao cloreto de sódio, atacam e danificam a tireoide e a paratireoide. Essa é a razão de mais de 70% da população, acima de 30 anos, apresentar graves problemas de tireoide, enquanto a indústria farmacêutica lucra com a venda de drogas que mascaram os sintomas das disfunções da tireoide.

O *medo*, a *religião*, a *polícia*, a *indústria farmacêutica* e a *indústria de alimentos* são os principais meios sutis de o sistema nos enfraquecer, atacando a nossa saúde física e mental.

Porém, o nosso maior inimigo e o grande causador das maiores desgraças sofridas pela humanidade são os banqueiros, insaciáveis vampiros rentistas que sugam o nosso sangue, sequestram as nossas vidas e promovem suas lucrativas guerras no mundo inteiro. Banco privado é crime hediondo contra a humanidade.

Desde os nossos primeiros momentos de vida descobrimos que ninguém nos compreende e que a nossa principal missão no mundo será pacificar o conflito entre o nosso querer, o nosso poder e o nosso precisar, em legítima defesa de nossas vidas, missão que acaba voltando-se contra nós, porque o nosso querer e o nosso precisar são estimulados pela propaganda do consumismo e o nosso poder, os nossos direitos e as nossas possibilidades são cada vez mais limitados.

Esse fato social deflagra uma corrida insana pelo sucesso material, pela busca do dinheiro e da riqueza a qualquer custo, tendo essa corrida um altíssimo preço, que nos é cobrado implacavelmente.

Com tanta ilusão e frustração diante dos nossos desejos não realizados, fica evidente que o caminho da felicidade é a simplicidade e o desapego.

Quem descobre que é preciso muito pouco para ser feliz é feliz. E sem felicidade viver não faz sentido.

A Prática Espiritual das Pessoas Livres nos mostra que não precisamos de nada nem de ninguém para ser feliz e que a felicidade está na solidão do amor.

A sublime arquitetura do amor é o encontro da solidão de duas pessoas felizes, construindo felicidade em cima de felicidade.

CAPÍTULO 3

O FIM

A Bíblia Sagrada dos cristãos é o livro de mitologia mais conhecido no mundo inteiro. Em Atos dos Apóstolos, a Bíblia dos cristãos nos revela que o *comunismo* é fruto de inspiração divina e que o primeiro ditador comunista assassino no mundo foi o próprio Deus, ao tentar enfiar o seu *divino comunismo* na cabeça egoísta, usurária e avarenta dos descendentes de soldados fracassados das 12 tribos de Judá e das legiões tribais de Moisés.

ATOS DOS APÓSTOLOS, CAPÍTULO 4

Os crentes repartem os seus haveres
32 *Da multidão dos que creram, uma era a mente e um o coração. Ninguém considerava unicamente sua coisa alguma que possuísse, mas compartilhavam tudo o que tinham.*
33 *Com grande poder os apóstolos continuavam a testemunhar a ressurreição do Senhor Jesus, e grandiosa graça estava sobre todos eles.*
34 *Não havia pessoas necessitadas entre eles, pois os que possuíam terras ou casas as vendiam, traziam o dinheiro da venda*
35 *e o colocavam aos pés dos apóstolos, que o distribuíam segundo a necessidade de cada um.*
36 *José, um levita de Chipre a quem os apóstolos deram o nome de Barnabé, que significa "encorajador",*

37 vendeu um campo que possuía, trouxe o dinheiro e o colocou aos pés dos apóstolos.

ATOS DOS APÓSTOLOS, CAPÍTULO 5

Ananias e Safira

1 Um homem chamado Ananias, com Safira, sua mulher, também vendeu uma propriedade.

2 Ele reteve parte do dinheiro para si, sabendo disso também sua mulher; e o restante levou e colocou aos pés dos apóstolos.

3 Então perguntou Pedro: "Ananias, como você permitiu que Satanás enchesse o seu coração, a ponto de você mentir ao Espírito Santo e guardar para você uma parte do dinheiro que recebeu pela propriedade?

4 Ela não pertencia a você? E, depois de vendida, o dinheiro não estava em seu poder? O que o levou a pensar em fazer tal coisa? Você não mentiu aos homens, mas sim a Deus".

5 Ouvindo isso, Ananias caiu morto. Grande temor apoderou-se de todos os que ouviram o que tinha acontecido.

6 Então os moços vieram, envolveram seu corpo, levaram-no para fora e o sepultaram.

7 Cerca de três horas mais tarde, entrou sua mulher, sem saber o que havia acontecido.

8 Pedro lhe perguntou: "Diga-me, foi esse o preço que vocês conseguiram pela propriedade?".

Respondeu ela: "Sim, foi esse mesmo".

9 Pedro lhe disse: "Por que vocês entraram em acordo para tentar o Espírito do Senhor? Veja! Estão à porta os pés dos que sepultaram seu marido, e eles a levarão também".

10 Naquele mesmo instante, ela caiu morta aos pés dele. Então os moços entraram e, encontrando-a morta, levaram-na e a sepultaram ao lado de seu marido.

11 E grande temor apoderou-se de toda a igreja e de todos os que ouviram falar desses acontecimentos.

CAPÍTULO 4

O FIM DO FIM

A estrada de minha vida
É uma estrada abandonada
Por onde anda gente sofrida
E alma desesperada.

Caminho por essa estrada
Por essa estrada maltratada
Planto alegrias, enterro dores
E deixo flores onde não havia nada.

Sou feliz na caminhada
Colho a alegria que plantei
Nada tenho, nada quero
E o fim da estrada eu não sei.

Mas a morte nunca me espanta
É ela que espera por mim
Embora eu não seja eterno,
Sou meu céu e meu inferno
E a morte é só o fim do fim.